Sylvia Schneider · Betina Gotzen-Beek

Du kommst auch aus Mamas Bauch

cbj

Sylvia Schneider ist Ernährungs- und Kommunikationswissenschaftlerin, war viele Jahre leitende Redakteurin des Ressorts Wissenschaft und Medizin bei großen Hamburger Medien. Darüber hinaus hat sie viele Ratgeber-Bücher für Groß und Klein geschrieben. Die Auflage ihrer Bücher hat mittlerweile mehrere Hunderttausend überschritten. Sie gilt als eine der erfolgreichsten Kinder- und Jugendsachbuchautorinnen. Sylvia Schneider ist heute Chefredakteurin von »Gesundheit für Frauen« und lebt in Eckernförde an der Ostsee.

Betina Gotzen-Beek, Jahrgang 1965, lebt mit Mann, Katz und Maus in Freiburg. Nach ihrem Malerei- und Grafik-Design-Studium begann sie, Kinderbücher zu illustrieren. Inzwischen ist sie eine der erfolgreichsten Illustratorinnen ihrer Zunft und ihre unverwechselbaren Charaktere und ihr origineller Strich sind aus der deutschen Kinderbuchlandschaft einfach nicht mehr wegzudenken.

Sylvia Schneider · Betina Gotzen-Beek

Du kommst auch aus Mamas Bauch

Ein erstes Aufklärungsbuch für Kinder

empfohlen von:
Eltern for family

cbj

cbj ist der Kinder- und Jugendbuchverlag
in der Verlagsgruppe Random House

1. Auflage 2005
© 2005 cbj, München
Alle Rechte vorbehalten
Umschlagbild und Innenillustrationen: Betina Gotzen-Beek
Lektorat: Martina Patzer
Umschlagkonzeption: Basic-Book-Design, Karl Müller-Bussdorf
Layout: Simone Zeeb
MP · Herstellung IH
Satz: Uhl+Massopust, Aalen
Reproduktion: Lorenz & Zeller, Inning am Ammersee
Druck: TBB, Banská Bystrica
ISBN 3-507-12939-X
Printed in the Slovak Republic

www.cbj-verlag.de

Inhalt

Warum wird Mammas Bauch immer dicker?

Endlich ist es Sommer. Die Zwillinge Lara und Daniel sind mit ihren Eltern an die See gefahren. Hier wollen sie zusammen Ferien machen. Sie haben eine Menge Spielzeug und ihren Hund Tobi mit dabei. Oma und Opa, Tante Suse und Cousin Tim sind auch mitgekommen. Und Tanni natürlich, Laras beste Freundin. Weil Tannis Eltern dieses Jahr keinen Urlaub machen können, durfte sie mit den Zwillingen in die Sommerferien fahren.

Kaum angekommen, stürmen die Kinder schon ins Wasser. Auf das Baden im Meer haben sie sich schließlich das ganze Jahr über gefreut. Genau genommen seit dem letzten Sommer. Sie kommen nämlich immer in den Sommerferien hierher und deshalb kennen sie vom Spielen eine Menge anderer Kinder. Jedes Jahr, wenn sie sich wiedersehen, sind sie alle ein Stück gewachsen. Nach diesen Ferien kommen Lara, Daniel und Tanni sogar schon in die Schule!

Während die drei noch im Wasser toben, hat Papa die Stranddecke ausgebreitet, hier lassen sich alle ganz gemütlich nieder. Sie essen gemeinsam Obst, Brote und Kekse und trinken ihren Saft. Die Kinder erfinden neue Spiele, Tim guckt Löcher in die Luft und die Erwachsenen halten ein Nickerchen.

Am liebsten spielen die Kinder im Wasser. Sie lieben es, sich in die hohen Wellen hineinfallen zu lassen und zu tauchen. Tanni und Lara kreischen bei jeder Welle so laut, dass man sie am ganzen Strand hören kann.

Als die Kinder mal wieder triefnass zur Strandburg zurückkommen, zieht Mama gerade ihren neuen Badeanzug an.
»Mensch, Mama, du hast bestimmt in letzter Zeit zu viel Nudeln und Pudding gefuttert! Schau mal, dein Bauch ist ja ganz rund. Pass bloß auf, dass er nachher nicht so groß wird wie der von Opa. Dann musst du dir schon wieder einen neuen Badeanzug kaufen!«, ruft Lara fröhlich.

Mama lacht ihre Kinder an und streicht sich über den Bauch.

»Du hast Recht, man könnte denken, ich hätte zu viel gegessen. Aber das stimmt nicht. Papa und ich haben nämlich eine tolle Neuigkeit für euch!«

Lara und Daniel gucken sie gespannt an. Neuigkeiten sind ja meist etwas Gutes.

Papa legt den Arm um ihre Mutter. »Ja, diese Überraschung haben wir uns für die Ferien aufgehoben! Erratet ihr, was es ist?«

Lara zerrt ihn ungeduldig am Arm: »Nun sag schon!« Daniel hüpft von einem Bein aufs andere: »Was ist es denn? Kriegen wir etwas geschenkt?«

»Ja, ihr bekommt etwas! Und das habt ihr euch schon lange gewünscht: Ihr kriegt in ein paar Monaten ein Geschwisterchen! Mama ist schwanger!«, sagt Papa und strahlt über das ganze Gesicht.

Oma, Opa und Tante Suse sagen wie aus einem Mund: »Herzlichen Glückwunsch! Wie schön für euch!« Tobi kläfft begeistert dazu.

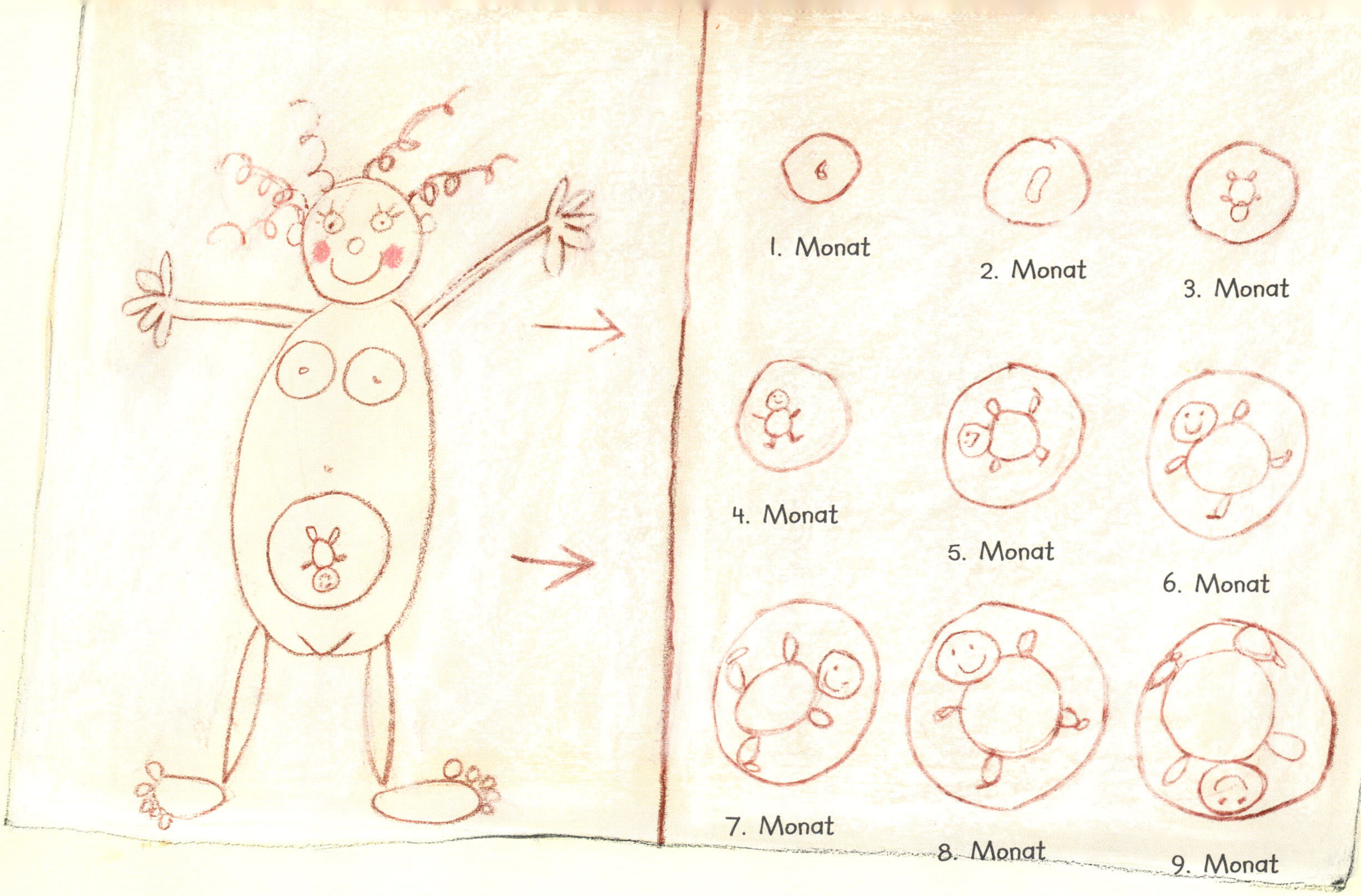

1. Monat

2. Monat

3. Monat

4. Monat

5. Monat

6. Monat

7. Monat

8. Monat

9. Monat

Die Zwillinge machen große Augen. Ein Baby – was für eine Überraschung!
»Oooh, wie toll!«, ruft nun auch Lara. Daniel weiß noch nicht so genau, ob er
ein neues Geschwisterchen gut findet. Andererseits: Wenn es ein Junge wird,
hat er endlich Unterstützung gegen die beiden Mädchen Lara und Tanni.
»Prima, dann möchte ich einen Bruder haben!«, verkündet er deshalb.

Insgeheim findet Daniel es nämlich gar nicht so gut, dass Tanni in den Ferien
dabei ist. Er ist fast ein wenig eifersüchtig auf sie, weil sie so oft mit Lara
zusammen spielt. Da könnte so ein kleiner Bruder doch ganz praktisch sein.
»Wird es denn ein Junge wie ich?«, fragt er neugierig.
»Das wissen wir erst, wenn das Baby geboren ist. Jetzt ist es gerade mal etwas
größer als eine Bohne, ein Böhnchen gewissermaßen«, antwortet Papa.

»Wie lange müssen wir denn warten, bis das Baby kommt?«, will Lara wissen.
»Noch ungefähr bis Weihnachten«, meint Mama.
Das ist allerdings noch ganz schön lange hin.

»Seit wann wisst ihr das denn mit dem kleinen Böhnchen?«, fragen Lara
und Daniel. Ihre Eltern erklären ihnen, dass sie noch nicht so lange sicher sind,
ob wirklich ein Baby unterwegs ist.

»Und woran hast du das gemerkt?«, will Daniel wissen.
Mama antwortet: »Ihr erinnert euch doch noch daran, dass mir eine Zeit lang
morgens immer übel war. Das kann bei einer Frau ein Zeichen dafür sein, dass sie
ein Kind bekommt. Ich bin dann zu meiner Ärztin gegangen. Die hat einen
Schwangerschaftstest bei mir gemacht und gesehen, dass ich ein Baby erwarte.«

»Und das Baby ist jetzt bei dir da drin?«, fragt Lara und tippt ihrer Mutter
auf den Bauch. Die Mutter nickt: »Ja, da wächst es ungefähr neun Monate,
bis es auf die Welt kommt! Jedes Baby braucht so lange, bis es groß genug ist,
um geboren zu werden. Das war bei euch ganz genauso – wie bei allen Menschen.«
»Wir haben auch in deinem Bauch gewohnt und waren mal so klein
wie Böhnchen«, sagt Lara und klopft sich stolz auf die Brust.

Papa nickt: »Nur Böhnchen hat seinen Platz in Mamas Bauch ganz für sich allein. Ihr beide musstet ihn euch teilen. Deswegen versteht ihr euch jetzt so gut.«

»Stammen alle Menschen aus Bäuchen?«, will Daniel wissen. Sein Cousin Tim nickt mit Kennermiene, schließlich ist er schon viel älter als die Kleinen. Er erklärt ihnen: »Stellt euch vor: Der Hausmeister, der Bäcker, mein Lehrer und eure Erzieherin im Kindergarten, sogar der Papst und der Popstar, den ihr so toll findet - alle, alle haben mal ganz winzig klein im Bauch von ihren Müttern angefangen!«

Daniel ist inzwischen schon wieder mit etwas ganz anderem beschäftigt. Er legt den Finger an die Nase und überlegt laut: »Ich frag mich nur, wie kommen solche Babys im Bauch überhaupt zustande? Wer tut sie da rein?«

Wie entsteht ein Baby überhaupt?

Opa räuspert sich und beginnt zu erklären: »Also, meine Lieben, das ist so:
Stellt euch mal vor, zwei Bienen …«
Da fällt ihm Mama lachend ins Wort: »Mensch Papa, so etwas erzählt
heute nur noch Käpt'n Blaubär seinen Enkeln. Lass mich das mal erklären.«

Mama sucht sich ein Stöckchen und beginnt, zwei Kreise in den Sand zu zeichnen,
einen kleinen und einen noch kleineren. Dazu erklärt sie: »Babys entstehen aus
zwei verschiedenen Zellen. Diese sind gewissermaßen wie die beiden ersten
Legosteine, die am Anfang aufeinander gesteckt werden. Die eine ist die Eizelle
von der Mama, die andere die Samenzelle vom Papa. Wenn die beiden sich finden,
stecken sie sich zusammen. Genau genommen schlüpft die Samenzelle in die
Eizelle hinein. Aus den beiden wachsen dann ganz viele neue Bausteine.«

Wenn der Samen das Ei trifft und die beiden miteinander verschmelzen, nennt
man das Befruchtung. Sobald ein Samen im Ei ist, können keine weiteren Samen
in die Eizelle hinein. Ei- und Samenzelle teilen sich nun unaufhörlich in lauter
kleine Zellen: Erst sind es zwei, dann vier, dann acht Zellen. Das geht
so lange weiter, bis schließlich ein winziger Mensch daraus entstanden ist.

»Das kleine Babyknäuel wächst also unglaublich schnell. Dabei wandert
es in die Gebärmutter. Die sitzt im Bauch der Mutter. Hier ist
inzwischen eine Art ›Bettchen‹ entstanden, in dem es
sich einnisten kann. Es wächst und wächst«,
erzählt Mama den Kindern.

»Je größer es wird, desto runder wird mein Bauch. Demnächst werde ich eine
kleine Tonne vor mir hertragen. Dann dürft ihr mich ›Mama Tönnchen‹ nennen.«

»Jeder Mensch besteht aus unzählbar vielen Zellen. Ihr auch!«, fügt Papa hinzu.
»Ihr braucht nur einmal unter einem Mikroskop eure Hand anzuschauen.
Da werdet ihr sehen, dass eure Haut aus ganz vielen klitzekleinen Teilchen
zusammengesetzt ist.«
Ein Mikroskop haben sie ja nicht dabei, aber ihre Becherlupen, damit funktioniert
das auch. Nun sind die Kinder erst einmal eine Weile damit beschäftigt,
alles Mögliche durch ihre Becherlupen zu betrachten.

Ei

die Eizelle
wird befruchtet...

... und fängt an, sich zu teilen, bis es ganz viele Zellen sind!

nach I. Monat
ist Böhnchen 2 mm groß

nach 2 Monaten
ist Böhnchen
3 cm groß

nach dem 3. Monat ist
Böhnchen
schon 9-10 cm groß

Lara legt ihre Lupe auf Mamas Bauch. »Ich kann nichts sehen außer den Blumen auf Mamas Badeanzug«, klagt sie. »Hallo Böhnchen! Böhnchen, hörst du mich?« Mama lacht und meint: »Bestimmt hat Böhnchen schon ganz, ganz kleine Ohren. Aber ob es dich hört? Wer weiß?«

Daniel und Tim nehmen derweil Opas Bauch unter die Lupe. Daniel will wissen, ob Opa auch ein Baby bekommt, weil sein Bauch noch etwas größer ist als Mamas. »Mama wird Opa bald Konkurrenz machen. Je mehr Platz Böhnchen im Bauch von Mama braucht, umso mehr wölbt er sich«, erklärt Papa. Er schmunzelt: »Bei Opas Bauch, glaube ich, braucht eher Omas gutes Essen viel Platz.«

Nur bei Frauen kann ein Baby im Bauch wachsen, bei Männern nicht. Selbst bei Opa nicht. Frauen, die ein Baby bekommen haben, nennt man Mütter, und Männer, deren Frauen ein Baby geboren haben, Väter. Oma ist die Mutter von Mama und Opa der Vater von Mama. Die Eltern von Papa wohnen ganz weit weg. Jeder Mensch hat eine Mama und einen Papa – egal wie alt er ist.

Warum sehen Kinder anders aus als Erwachsene?

Am Strand und im Wasser wird es immer voller. Daniel, Lara, Tanni und Tim
sitzen in ihrer Strandburg und schauen sich die vielen verschiedenen Menschen an.
Da gibt es Leute, die noch ganz blass sind, andere, die einen Sonnenbrand haben,
und solche mit ganz brauner Haut. Und dann gibt es noch Große und Kleine,
Dicke und Dünne, Angezogene und Unangezogene, Männer, Frauen, Jungen,
Mädchen und Babys.

Lara überlegt sich, warum Erwachsene eigentlich anders aussehen als Kinder,
Mädchen anders als Jungen und Frauen anders als Männer.
»Das liegt daran, dass es zwei Geschlechter gibt, und die sehen verschieden aus.
Frauen und Männer eben«, erklärt Tim den Jüngeren wichtigtuerisch.

Mädchen und Jungen sehen oben gleich und unten herum unterschiedlich aus, das sieht ja tatsächlich jeder: Bei Mädchen sieht man einen kleinen Schlitz, bei Jungen eine Art Schwänzchen. Das wissen Lara, Daniel und Tanni schon längst, denn schließlich laufen sie gern nackt am Strand herum, weil sich das in der Sonne und im Wasser so schön anfühlt. Auch viele Erwachsene lassen sich die Sonne auf die nackte Haut scheinen. Da sieht man dann, dass sich Mädchen und Frauen genauso ähnlich sehen wie Jungen und Männer. Nur Mädchen haben keinen Busen, sondern noch eine ganz flache Brust.

Papa nimmt Mamas Stöckchen und erklärt: »Männer haben einen Penis. So wird das Schwänzchen genannt, das zwischen den Beinen baumelt. Dahinter hängt eine Art Beutel, der wird Hoden genannt. In ihm stecken die Samenzellen.«

»Und ich hab auch ein Schwänzchen zum Pipimachen. Da kann ich im Stehen pinkeln und muss mich nicht hinsetzen wie ein Mädchen!«, ruft Daniel stolz. »Ich hab dafür ein Löchlein zwischen den Beinen und ein ganz klitzekleines Schwänzchen«, triumphiert Lara.

»Genau genommen haben Mädchen zwei Löchlein, Lara«, sagt Mama. »Eines ist zum Pipimachen, die andere Öffnung heißt Scheide, und das klitzekleine Schwänzchen nennt man Kitzler. Der reagiert sehr empfindlich auf Berührungen. Frauen haben eine Spalte zwischen den Beinen, die man von außen kaum sieht. In ihr sind zwei Löchlein verborgen. Eines ist mit einem Gang verbunden, der zu den Eizellen führt. Wenn eine Frau ein Baby bekommt, kommt es aus dieser Scheide heraus. Bis dahin hat es in der Gebärmutter gewohnt. Sie liegt drinnen im Bauch.

Innen ist sie hohl, damit ein Baby
darin Platz hat und wachsen kann.
Auf jeder Seite der Gebärmutter liegt ein Eierstock. Darin befinden sich
die Eizellen, von denen wir schon gesprochen haben.«
»Wie kommen die Eizellen denn da hinein?«, fragt Lara, und Mama erklärt es ihr:
»Die sind schon von Geburt an da. In der Kindheit schlafen sie noch. Die Samen
werden dagegen erst gebildet, wenn ein Junge in die Pubertät kommt. Da
wachsen Penis und Hoden. Der Junge bekommt Haare auf dem Körper und eine
tiefere Stimme. Bei Mädchen wachsen die Brust und die Geschlechtsorgane.
Erwachsenen Frauen haben Brüste, aus denen ihr Baby Milch trinken kann.«

17

Den eigenen Körper erkunden

Alle Kinder sind neugierig auf ihren eigenen Körper und den von anderen Kindern.
Sie wollen wissen, wie alles so ausschaut - obenrum, untenrum und in der Mitte.
Sie wollen sich gegenseitig anfassen, auch am Po, am Penis oder an der Scheide.
Viele Kinder spielen deshalb gern Doktor, Krankenhaus oder Kinderkriegen.
Dann müssen sich die »Patienten« ausziehen und man kann sie in aller Ruhe
anschauen.

Allerdings mögen es viele Eltern und Erwachsene gar nicht, wenn ihre Kinder
Doktor spielen und sich gegenseitig untersuchen. Manche verbieten es
ihren Kindern. Laras und Daniels Eltern finden Doktorspielen nicht schlimm.
Sie haben aber gesagt, dass die Kinder dieses Spiel nur zu Hause spielen sollen.

Bei sich zu Hause haben sich die Kinder einen Operationssaal unter dem Tisch
im Kinderzimmer eingerichtet. Dort können sie schalten und walten, wie sie wollen.
Die Eltern haben sie ermahnt, sich nichts in die Körperöffnungen zu stecken.

Mama sagt immer: »Damit kann man sich wehtun und verletzen. Also steckt
um Himmels willen zum Beispiel keine Murmel in die Nase, keinen Radiergummi
ins Ohr und keinen Bleistift in den Po. Überhaupt sollt ihr euch natürlich nicht
gegenseitig wehtun. Das gilt natürlich ebenso für jedes andere Spiel.
Aber das wollt ihr ja auch gar nicht.«

Was macht das Baby im Bauch?

Lara, Daniel und Tanni sind jetzt schon seit einigen Wochen eifrige Schulkinder.
Gleich in der ersten Stunde haben sie sich gegenseitig von ihren Sommerferien
erzählt. Lara und Daniel berichten ihren Klassenkameraden von den schönen
Tagen am Meer, ihrer Sandburg und von Böhnchen. Sie haben sogar Bilder
mitgebracht, die sie in den Ferien gemalt haben. Auf einem ist Böhnchen
zu sehen – so wie Lara und Daniel es sich vorstellen.

Der Unterricht macht ihnen viel Spaß, obwohl das Stillsitzen manchmal
noch recht schwer fällt. Heute durften sie Kastanienmännchen basteln.
Lara und Daniel wollen ihre beiden Mama und Böhnchen schenken.

Als die drei aus der Schule kommen, tuscheln und kichern sie eifrig miteinander.
Sie haben nämlich etwas entdeckt, was sie höchst aufregend finden: Tim ist
in das Mädchen aus der Parallelklasse verknallt! Nicole heißt sie.

Schon seit ein paar Tagen spionieren die Kinder den beiden heimlich hinterher.
In jeder Pause stehen Tim und Nicole auf dem Schulhof zusammen
und schauen sich in die Augen. Und Tim wird meist ganz rot dabei.

»Total durchgedreht ist der! Bestimmt knutschen die sich auch,
wenn die mal allein sind!«, hat Lara geflüstert.
Daniel schüttelt sich. »Küssen ist doch e-k-e-l-h-a-f-t. Würd ich nie tun.
Tanni und Lara nicken. Sie würden sich nieeee so benehmen wie Tim und Nicole.

Jedes Mal, wenn sie Tim sehen, singen sie ausgelassen: »Liebespaar, Liebespaar,
küsst euch mal, bald sind auch die Kinder da!«
Doch Mama meint, sie sollen Tim nicht immer ärgern: »Er ist jetzt in der Pubertät,
da verändert sich vieles und man versteht bei solchen Dingen keinen Spaß mehr!«

Wie ist das, wenn man größer wird?

Die Pubertät ist die Zeit, in der ein Kind allmählich erwachsen wird. Sie beginnt etwa im Alter von zehn Jahren. Das ist jedoch von Kind zu Kind etwas verschieden. Manche entwickeln sich schneller, andere langsamer – so wie alle Kinder unterschiedlich schnell wachsen. In Tims Klasse gibt es einige Jungs, die schon richtig in der Pubertät sind und sich für Mädchen interessieren. Andere spielen lieber Fußball. Bei den Mädchen ist es genauso: Einige schminken sich schon und schauen den Jungen hinterher, andere spielen am liebsten noch mit ihren Puppen.

Tim ist in den vergangenen Monaten ziemlich gewachsen. Seine Arme sind länger geworden. Außerdem hat sich seine Stimme verändert. Manchmal klingt sie richtig kieksig. Dann wollen sich die Kleinen ausschütten vor Lachen.

Mama sagt, sie sollen das nicht, weil es Tim peinlich sein könnte.
»Wenn Kinder in die Pubertät kommen, beginnen sie, sich körperlich und seelisch zu verändern. Sie sind in dieser Zeit sehr empfindlich. Vor allem bekommen sie nun ein neues Verhältnis zum anderen Geschlecht. Jungen interessieren sich jetzt ganz anders für Mädchen und umgekehrt genauso«, erklärt Mama den Jüngeren.

»Das ist doch aber nichts Neues«, kräht Lara dazwischen. »Der Daniel
ist doch jetzt schon in die Josefine aus unserer Klasse verknallt.«
Ihr Bruder streckt ihr die Zunge raus und Tanni kichert. Auch Mama lacht:
»Ja, das ist so ähnlich. Aber in der Pubertät verliebt man sich richtig und möchte
mit ihm oder ihr ein Paar sein. Die wichtigste Veränderung ist aber, dass man sich
gegenseitig küssen und miteinander schlafen möchte. Das nennt man
Geschlechtsreife. Das bedeutet, dass aus einem Mädchen nun eine Frau wird
und aus einem Jungen ein Mann und sie zusammen Kinder bekommen können.«

Tim ist zum ersten Mal in seinem Leben richtig verliebt. Ihm wird ständig heiß
und kalt, wenn er an Nicole denkt. Und wenn er sie sieht, klopft sein Herz
schneller. Er kann nur noch an sie denken und hört gar nicht hin,
wenn seine Mutter oder die anderen ihm etwas sagen.

»Miteinander schlafen tun Daniel und ich doch auch, Mama«, erklärt Lara.
»Na klar. Nur ist das bei Erwachsenen und Jugendlichen, die erwachsen werden,
etwas anderes. Miteinander schlafen sagt man nur so, wahrscheinlich,
weil es meistens im Bett passiert, obwohl man dabei alles andere als schläft!«

Was bedeutet »zusammen schlafen«?

Das muss ja eine komische Sache sein – dieses Miteinanderschlafen und Dabei-
ganz-wach-sein, finden die Kinder und wollen noch mehr von Mama wissen.
»Wenn eine Frau und ein Mann sich richtig lieb haben, dann haben sie Lust,
miteinander zu schlafen. Dann legen sie sich eben meistens zusammen ins Bett.
Dabei wird der Penis vom Mann steif und die Scheide der Frau feucht. Mann
und Frau liegen ganz eng beieinander und der Penis des Mannes gleitet
in die Scheide. Das ist ein schönes Erlebnis für die beiden. Mann und Frau
bewegen sich so miteinander, wie sie es schön finden,
sie küssen und streicheln sich. Manchmal stöhnen sie auch dabei.«

Wenn ein Paar so miteinander schläft, erleben beide am Ende einen Höhepunkt.
In diesem Moment, der unterschiedlich lang dauern kann, sind beide sehr erregt.
Ihr Atem geht schneller, das Herz schlägt rascher und der ganze Körper wird
stärker durchblutet. Beim Mann spritzt dabei eine Flüssigkeit aus dem Penis
heraus in den Bauch der Frau.

da rein

Darin schwimmen Millionen von Samenzellen, die nun zu den Eizellen
schwimmen, die jede Frau im Bauch hat. Wenn sich so eine Samenzelle
und eine Eizelle treffen und miteinander verschmelzen, entsteht ein Baby.
Schon in diesem Moment ist entschieden, ob das Baby ein Mädchen oder
ein Junge wird. Dafür sind die Samen verantwortlich. Es gibt Samen, aus denen
werden Mädchen, und Samen, aus denen Jungen entstehen. Auch wie das Baby
aussehen wird, steht von Anfang an fest: die Haarfarbe, der Körperbau,
die Haut- und Augenfarbe, die Form von Händen und Füßen, das Temperament
und ob es groß oder klein wird. All dies erbt jedes Kind von seinen Eltern.

Im Baby kommen die Anlagen von Vater und Mutter zusammen. Beide vererben
die Anlagen, die sie selbst von ihren Eltern und Großeltern geerbt haben.
Neben dem Aussehen werden bestimmte Verhaltensweisen oder Vorlieben
weitergegeben. Kein Mensch ist ganz und gar einem anderen ähnlich,
außer bei eineiigen Zwillingen. Aber auch sie können verschiedene Interessen
oder verschiedene Lieblingsgerichte haben. Geschwister sind meist
völlig unterschiedlich, obwohl sie dieselben Eltern haben.

Wie Zwillinge entstehen

Es ist möglich, dass sich ein Ei in zwei Hälften trennt, nachdem es befruchtet wurde. Beide nisten sich dann in der Gebärmutter ein. Nebeneinander wachsen dann dort zwei Babys. Das sind eineiige Zwillinge. Sie haben beide das gleiche Geschlecht und werden sich sehr ähnlich sein. Deswegen sagt man auch: »Sie gleichen sich wie ein Ei dem anderen!«

Zwillinge können aber auch entstehen, wenn zufällig zwei Eier auf einmal zur Befruchtung bereit sind. Auch dann entstehen zwei Babys. Aber sie können unterschiedlich aussehen, da sie aus zwei Samen- und zwei Eizellen entstanden sind. Sie können, so wie Lara und Daniel, ein Junge und ein Mädchen sein.

Mögen Leute ohne Kinder keine Kinder?

»Wenn Mann und Frau so gern miteinander schlafen, dann müsste es doch viel mehr Babys geben?«, überlegt Lara.

Aber Kinder kann man auch »verhüten«, haben die Kinder von den Erwachsenen gehört. Das können sie sich überhaupt nicht vorstellen.

Wenn eine Frau und ein Mann zusammen schlafen, wollen sie nicht jedes Mal ein Kind bekommen. Das kann aus den unterschiedlichsten Gründen so sein. Manchen macht es einfach auch so sehr viel Spaß, zusammen zu sein. Andere haben vielleicht schon ein Kind, um das sie sich ganz besonders kümmern wollen. Jüngere Paare wollen das Kinderkriegen oft aufschieben, bis beide einen Beruf haben. Wenn Paare im Moment kein Baby haben wollen, heißt das jedoch nicht, dass sie nicht irgendwann Kinder haben wollen oder Kinder nicht mögen.

Solange ein Paar kein Kind haben will, muss es etwas tun, damit Samen und Ei nicht miteinander verschmelzen können. Dafür gibt es heute »Verhütungsmittel«. Die bekanntesten sind die Pille und das Kondom. Die Pille ist eine Tablette, die täglich eingenommen werden muss. Das Kondom ist eine Plastik»mütze« für den Penis. Die Samen werden in dem Mützchen aufgefangen, damit sie nicht zum Ei schwimmen können.

Was für ein Mensch wird Böhnchen?

Lara und Daniel wollen wissen, wie sich so ein Höhepunkt »anfühlt«. Papa,
der inzwischen von der Arbeit gekommen ist, meint: »Das ist, als ob man
auf dem Kopf steht und mit den Beinen ›Hurra‹ schreit!«
Mama sagt, sie bekommt dabei immer eine Gänsehaut
und ist danach zufrieden. So richtig kann sie eigentlich
gar nicht erklären, wie man sich dabei fühlt, aber sie sagt,
es ist ein sehr schönes Gefühl.

»Das klingt wie Spagetti mit Tomatensoße
und einer Kugel Vanilleeis obendrauf essen!«, ruft Daniel.
»Nein, das ist wohl eher wie Omas leckere Apfelpfannkuchen
und Weihnachten zusammen!« Lara schleckt sich das Mäulchen.
Inzwischen knurrt allen der Magen und sie gehen in die Küche,
um gemeinsam etwas zu kochen.

Lara und Daniel sprechen oft von »ihrem« Baby. Was für ein Mensch Böhnchen
wohl wird? Was wird Böhnchen wohl am liebsten essen? Ob es Spaß macht,
mit ihm zu spielen? Ob die Eltern es genauso lieb haben werden wie sie beide?

Im Bauch von Mama hat sich in den letzten Tagen zum ersten Mal etwas geregt.
Die Kinder durften die Hand darauf legen. Da haben sie ganz zarte Bewegungen
von innen gespürt. Daniel hat schon ein paarmal mit dem Ohr am Bauch gehorcht
und sich mit Böhnchen unterhalten. Er hat ihm erzählt, dass sie nun schon
jeden Tag in die Schule gehen. Lara hat ihm etwas vorgesungen, damit Böhnchen
sich nicht so einsam fühlt. Schließlich hat es keinen Zwilling neben sich
im Bauch wie sie damals.

Was Böhnchen zu essen bekommt

Während Lara und Daniel mit Mama und Papa am Tisch sitzen und Spagetti essen, überlegen sie sich, was Böhnchen wohl zu essen bekommt.
»Böhnchen bekommt von allem etwas ab, was ich esse«, sagt Mama und steckt sich eine Riesenportion Nudeln in den Mund.

Ein ungeborenes Baby ist durch die Nabelschnur mit seiner Mutter verbunden. Durch sie erhält es seine Nahrung mit allen wichtigen Nährstoffen, die direkt in sein Blut gehen. Also isst Böhnchen noch nicht richtig mit dem Mund. Deshalb muss Böhnchen auch noch nicht aufs Klo. Seine Ausscheidungen werden über die Nabelschnur abtransportiert.
Nach der Geburt schneidet man die Nabelschnur ab. Das spürt das Baby aber nicht. Wo Nabelschnur war, hat jeder Mensch einen Bauchnabel.

Übrigens haben Tobi und die Katze Mini auch einen.

Babys im Mutterleib können noch nicht richtig atmen, weil ihre Lunge noch

zu klein ist. Deswegen erhalten sie über die Nabelschnur auch Sauerstoff.

Das Baby »übt« das Atmen aber schon, indem es Atembewegungen macht.

»Das sieht aus, als ob es nach Luft schnappt«, weiß Papa,

der kürzlich einen Film über Babys im Mutterleib gesehen hat.

So wachsen Babys im Bauch heran

Im Bauch seiner Mutter schwimmt ein Baby warm und geschützt
in der Fruchtblase, die mit Fruchtwasser gefüllt ist. Wenn die Mutter sich bewegt,
wird das Baby wie in einer Wiege hin und her geschaukelt. Durch die Bauchdecke
kann es Geräusche von außen hören und es lernt die Stimme
seiner Mutter kennen. Ein Baby spürt auch die Gefühle und Stimmungen
der Mutter. Wenn es ihr gut geht, fühlt sich auch das Baby wohl.
Herrscht Streit in der Familie, wird das Baby im Bauch ebenfalls unruhig.

Als Böhnchen drei Wochen alt war, hätte man es noch nicht mit bloßem Auge
erkennen können. Nach fünf bis sechs Wochen sah es aus wie eine winzige
Eidechse. Dann begann sein kleines Herz zu schlagen. Nach sieben Wochen
war es endlich so groß wie eine Bohne und hatte Arme und Beine.
Nach acht Wochen hatte es die Größe einer Erdbeere.

Wann Babys »fertig« sind

| 12. Woche | 24. Woche | 32. Woche |

Nach zwölf Wochen kann ein Baby mit den Beinen strampeln, die Hände zu Fäustchen schließen, den Kopf drehen und den Mund auf- und zumachen. Die meisten inneren Organe, wie Herz, Leber und Nieren, funktionieren schon. Nach ungefähr dreieinhalb Monaten ist das Baby »fertig«, es muss jetzt nur noch wachsen. Nach 24 Wochen ist das Baby so groß, dass sich der Bauch der Mutter ziemlich wölbt. Die Mutter kann nun spüren, wie sich das Kind bewegt.

Auch Böhnchen macht sich jetzt mit deutlichen Bewegungen im Bauch seiner Mutter bemerkbar. Lara und Daniel können fühlen wie Böhnchen strampelt .

Nach etwa 32 Wochen wird es für das Baby immer enger im Bauch. Es ist jetzt vollständig entwickelt und hat kaum mehr Platz und muss Arme und Beine anwinkeln. Das Baby dreht sich ungefähr um diese Zeit mit dem Kopf nach unten. Es rutscht dann mit dem Kopf in das Becken der Mutter. Manche Frauen haben jetzt das Gefühl, für ihre inneren Organe wieder mehr Platz zu haben. Damit ist das Baby in der richtigen Stellung für die Geburt. Jetzt beginnt das Warten. Böhnchen wird hoffentlich mit ihnen Weihnachten feiern, sagt Mama.

Was ist den bloß mit Mama los?

Lara und Daniel hocken bei Tanni im Spielzimmer. Bei ihnen zu Hause ist heute die Stimmung nicht so besonders gut. Ihre Mama hat den ganzen Tag mit ihnen geschimpft, und sie wissen eigentlich gar nicht so genau, warum.

Der Bauch von Laras und Daniels Mutter ist inzwischen richtig rund. Mama freut sich sehr auf ihr Baby und bereitet alles vor, was das Baby nach seiner Geburt braucht. Oft lächelt sie vor sich hin, wenn sie spürt, wie sich ihr Baby bewegt. Sie ist jetzt aber häufig früher müde als sonst und deshalb manchmal etwas gereizt, wenn die Kinder laut sind oder Unordnung machen.

Papa hat gemeint, sie alle müssten jetzt mehr Rücksicht auf Mama nehmen.
Also nicht immer so laut herumtoben und überall etwas herumliegen lassen!
Das hat den beiden gar nicht gefallen. Deshalb haben sie sich ganz schnell
zu Tanni aufgemacht.

»Seht ihr, ich hab's euch ja gleich gesagt, Kinderkriegen ist keine einfache Sache«,
sagt Tanni mit Kennermiene. Sie selbst hat zwei Geschwister und muss oft
auf ihre kleinste Schwester aufpassen.
Lara und Daniel aber sind sich einig, dass sie ihrer Mama
nachher auf alle Fälle helfen wollen.
Schließlich ist Böhnchen auch »ihr« Baby.

Darum ist Mama manchmal gereizt

Die Schwangerschaft kann am Ende für eine werdende Mutter anstrengend sein,
auch wenn sie sich sehr auf ihr Baby freut. Doch das ist nicht bei allen
schwangeren Frauen gleich. Viele haben in der Zeit der Schwangerschaft
so viel Energie, dass sie sich sogar noch wohler fühlen als sonst.

Mit dem werdenden Baby trägt die Mutter den ganzen Tag ein immer größeres
Gewicht mit sich herum. Je größer das Baby wird, desto munterer ist es.
Vor allem nachts, wenn die Mutter schlafen möchte, kann es ganz schön im Bauch
»herumtoben«. Dann ist sie tagsüber müde und braucht mehr Ruhe als früher.
Da kann es passieren, dass sie über Dinge schimpft, die sie sonst gar nicht stören.

»Wenn es Mama gut geht, ist das auch für Böhnchen gut«, sagt Papa zu Lara
und Daniel. Mama soll sich jetzt nicht mehr so anstrengen. Sie geht auch nicht
mehr zur Arbeit und ist den ganzen Tag zu Hause. Papa kauft ein und putzt,
wäscht und bügelt. Auch Lara und Daniel müssen jetzt mehr helfen.

Beide Kinder finden es toll, dass Papa sich jetzt viel mehr Zeit
für sie nimmt. Sie unternehmen oft etwas zusammen,
damit Mama sich zu Hause ausruhen kann. Trotzdem
haben sie manchmal das Gefühl, dass das alles nur
wegen Böhnchen ist. »Das Baby finden die Eltern
doch viel wichtiger als uns!«, beklagt sich Daniel
bei Lara. Das stimmt aber nicht. Wenn ein Baby
unterwegs ist, beschäftigt sich
die ganze Familie mit den Vorbereitungen.

Wie man sich auf ein Baby vorbereitet

Wenn ein Baby unterwegs ist, müssen bis zu seiner Geburt viele Dinge erledigt werden. Die Familie muss zum Beispiel überlegen, wo das neue Kind schlafen soll. Das Baby braucht eine Wiege oder ein Bettchen, in dem es schlafen kann. Die Eltern besorgen auch eine Wickelkommode. Für die erste Zeit nach der Geburt kaufen sie Babybekleidung. Die älteren Kinder können für das Baby Bilder malen. Und natürlich sucht die ganze Familie nach einem schönen Namen für das Baby.

Die Mutter stellt während der Schwangerschaft einige ihrer Lebensgewohnheiten um: Um dem Baby nicht zu schaden, sollte sie zum Beispiel nicht mehr rauchen oder Alkohol trinken. Doch Mama hat sowieso nicht geraucht. Mama passt sehr gut auf Böhnchen auf.

Die meisten werdenden Mütter gehen gegen Ende der Schwangerschaft gemeinsam mit ihren Männern zur Geburtsvorbereitung. Dort lernen sie von einer Hebamme, wie sie bei der Geburt richtig atmen und wie sie sich bewegen können, damit die Geburt weniger anstrengend wird. Und der Mann erfährt, wie er seiner Frau beistehen kann. Auch Mama und Papa gehen zusammen zu so einem Kurs. Papa macht den Kindern vor, was er dabei gelernt hat, und hechelt wie Tobi, wenn er ein Stöckchen anbringt.

Daniel probiert manchmal, Lara zu irgendwelchen Arbeiten zu bringen,
die er eigentlich selbst tun sollte. »Aufräumen ist Frauenarbeit«, behauptet er.
»So ein Unsinn«, sagt Lara. »Das heißt ja, Frauen sollen immer das tun,
wozu Männer keine Lust haben. Ohne mich!«
Dann sind die Zwillinge richtig wütend aufeinander.

Geschwister zu haben, ist manchmal schön. Lustig ist es, zusammen zu kuscheln
oder auf dem Bett Trampolin zu springen, gemeinsam in der Badewanne
zu plantschen, sich auf dem Klo zuzugucken oder sich durchs Zimmer zu jagen.
Oft gibt es aber auch Streit zwischen Geschwistern. Manchmal treten sie sich
mit den Füßen. Dann ist das Geschrei immer groß. Streit ist bei den beiden
aber schnell vergessen. Danach machen sie wieder alles zusammen
und würden niemals auf den anderen verzichten.

Warum fühlt man sich nicht immer gleich?

Aber auch wenn Lara sich gut mit Daniel versteht, hat sie manchmal schlechte Laune. Nicht nur Schwangere sind ab und zu gereizt. Oft reicht schon eine Kleinigkeit, um schlechte Laune zu bekommen. Manchmal ist der Kummer schwer wiegender: Wenn sich die Eltern streiten, wenn man glaubt, dass einen keiner lieb hat, wenn man Krach mit den Geschwistern hat, kann man niedergeschlagen sein.

Tanni nennt ihre wechselnden Gefühle »Schönwettergefühle« und »Schlechtwettergefühle«. Sie hat oft dann Schlechtwettergefühle, wenn sie ihre kleine Schwester hüten soll. Und sie sagt, sie hat Tage, da scheint in ihr weder die Sonne noch regnet es. Das sind dann die »Überhaupt-kein-Wetter«-Gefühlstage.

Von ihrer Tante hat sie ein Tagebuch geschenkt bekommen, in das sie jeden Tag schreibt oder malt, wie sie sich fühlt. Das macht sie seit der Zeit, in der sich ihre Eltern getrennt haben. Damals war sie oft traurig.

Wo hat Tanni ihre neue Schwester her?

Tannis Eltern sind geschieden und ihr Vater wohnt in einer anderen Stadt. Nach der Scheidung haben Tanni und ihre Mutter eine Zeit lang allein gelebt. Dann hat Tannis Mutter einen anderen Mann kennen gelernt und ihn nach einer Weile geheiratet. Der neue Mann hat selbst eine Tochter mit seiner ersten Frau. Sarah, so heißt das Mädchen, wohnt jetzt auch in der neuen Familie ihres Vaters.

So ist Tanni von einem Tag zum anderen zu einer neuen Schwester gekommen. Dann haben ihre Mutter und der neue Vater ein gemeinsames Baby bekommen. Jetzt hat Tanni zwei neue Schwestern, auf die sie oft auch aufpassen muss. Das findet sie manchmal lästig, aber eigentlich ist es auch schön, dass sie immer jemanden zum Spielen hat.

Warum ist Tannis Vater weg?

Tannis Eltern haben zusammengelebt, bis Tanni vier Jahre alt war.
Schon bald nachdem sie geheiratet hatten, haben sie festgestellt,
dass sie sich immer weniger verstehen und beinahe jeden Tag streiten.
Tannis Eltern haben irgendwann gemerkt, dass sie sich nicht mehr lieb haben,
und haben sich scheiden lassen.
Tanni hat aber immer noch ein gutes Verhältnis zu ihrem Vater. Sie besucht ihn
regelmäßig und fährt manchmal mit ihm und seiner neuen Frau in den Urlaub.

Jedes Kind wünscht sich eine glückliche Familie. Aber es kommt vor, dass Eltern
sich nicht mehr richtig mögen, häufig streiten und sich schließlich trennen.
Eine Trennung tut jedem Kind sehr weh. Denn obwohl es natürlich gar nichts
dafür kann, dass seine Eltern sich streiten, muss es sich dann ja trotzdem auch
von jemandem trennen, den es sehr lieb hat. Lassen Eltern sich scheiden,
heißt das nicht, dass sie ihre Kinder nicht mehr lieb haben und nichts mehr
von ihnen wissen wollen.

Eine neue Familie entsteht

Scheidungsfamilien gibt es heute viele. Immer öfter werden daraus
neue Familien, wenn Frauen und Männer wieder heiraten.
Das ist für die Kinder oft sehr schwierig. Denn sie müssen sich ja nicht nur
an den Stiefvater oder die Stiefmutter gewöhnen, sondern vielleicht auch
an neue Geschwister, die nicht mit ihnen verwandt sind.

Oder nur »halb verwandt« - wie Tanni mit ihrer jüngsten Schwester.
Sie haben zwar dieselbe Mutter, aber jede hat einen anderen Vater.
Sarah ist gar nicht mit Tanni verwandt. Sie hat den gleichen Vater
wie die Kleinste, aber eine andere Mutter. Ganz schön kompliziert, findet Tanni.
Aber dafür ist jetzt zu Hause immer was los. Meistens sind sie alle zusammen
sehr zufrieden, vor allem ist ihre Mutter jetzt wieder fröhlich.

Adoptivkinder sind ganz besondere Wunschkinder

Wenn sich Partner mit Kindern zusammentun, um eine neue Familie zu gründen, tun sie das auch, weil sie die Kinder gern haben.

Manche Paare können keine eigenen Kinder bekommen, obwohl sie sich das sehr wünschen. Sie können Kinder von anderen Eltern adoptieren, das heißt, sie als ihre Kinder bei sich aufnehmen. Oft sind die Mütter von Adoptivkindern zu jung, um ihre Kinder selbst großzuziehen, oder sie haben nicht genug Geld, um eine Familie zu ernähren.

Adoptivkinder werden von ihren neuen Eltern so geliebt und behandelt wie eigene Kinder, weil den Eltern besonders bewusst ist, wie schön es ist, Kinder zu haben.

Natürlich ist ein Kind trotzdem traurig, wenn die Mutter ihm nicht erzählen kann, wie es langsam in ihrem Bauch gewachsen ist und wie es geboren wurde. Und es beschäftigt sich auch mit Fragen wie: Warum haben mich meine Eltern weggegeben? Wie sehen meine leiblichen Eltern aus? Was habe ich von ihnen geerbt? Manche Adoptivkinder können ihre leiblichen Eltern später kennen lernen, doch sie würden ihre Adoptiveltern deswegen niemals verlassen, denn die sind jetzt ihre Familie, bei der sie sich geborgen und geliebt fühlen.

Adoptivkinder sind eben ganz besondere Wunschkinder!

Wann kommt das Baby endlich?

Die Schwangerschaft von Laras und Daniels Mutter ist schon sehr weit
fortgeschritten. Manchmal gerät ihre Mutter nun außer Atem,
weil der Bauch allmählich immer schwerer wird. Deshalb macht sie oft
eine kleine Pause und ruht sich aus.

»Stellt euch mal vor, ihr müsstet neun Monate lang mit eurer Schultasche
vor dem Bauch herumlaufen«, sagt Mama.
Daniel lacht: »Nachts wäre das bestimmt besonders unbequem,
mit dem Ranzen in einem Bett zu schlafen!«
Inzwischen wartet die ganze Familie ungeduldig auf Böhnchen.

»Los, Mama, mach doch mal«, drängelt Daniel.

Seine Mutter streicht ihm über das Haar: »Wir müssen warten, bis Böhnchen sich von selbst rührt. Auf euch beide hab ich ja damals auch geduldig gewartet.«

»Vielleicht will Böhnchen gar nicht raus aus deinem schönen warmen Bauch!«, meint Lara.

Ihre Mutter lacht: »Natürlich kommt Böhnchen heraus. Schließlich ist es ihm irgendwann zu eng in meinem Bauch. Bestimmt will es endlich mal seine Geschwister sehen.«

Es ist kurz vor Weihnachten. Mama rechnet jetzt täglich mit der Geburt. Deswegen hat sie Oma und Opa gebeten, für einige Tage zu kommen und sich um Lara und Daniel zu kümmern. Die beiden finden das prima, denn sie sind gern mit ihren Großeltern zusammen.

»Heute Nacht habe ich von Böhnchen geträumt«, erzählt Mama Lara und Daniel eines Morgens. »Ich glaube, es geht los! Böhnchen macht sich auf den Weg!«

Dass die Geburt beginnt, merkt ihre Mutter daran, dass sich ihr Bauch in unregelmäßigen Abständen zusammenzieht. Das nennt man »Wehen«. Sie schieben das Baby aus dem Bauch der Mama hinaus in die Welt. Allerdings geht das meist nicht so schnell. Eine Geburt kann viele Stunden dauern.

Deswegen hat Laras und Daniels Mama noch Zeit, sich in Ruhe von ihnen für die nächsten Tage zu verabschieden.
Dann fährt Laras und Daniels Vater ihre Mutter in die Klinik. Er will bei der Geburt auf alle Fälle dabei sein. Er sagt, die Geburt von Lara und Daniel sei eines der schönsten Erlebnisse in seinem Leben gewesen: »Euch beide das erste Mal zu sehen, war für mich wie ein Wunder!«

In der Klinik kann ihre Mutter noch ein wenig umhergehen, bis die Wehen öfter kommen und stärker werden. Dann legt sie sich hin.

Das Baby kommt bei der Geburt normalerweise mit dem Kopf zuerst aus der Scheide heraus. Die Scheide kann sich so weit dehnen, dass das Baby aus dem Bauch herausgleiten kann. Ist das Kind geboren, begrüßt es seine Eltern meist mit Gebrüll. Damit fängt es an, selbstständig zu atmen. Ein Arzt untersucht dann das Baby, ob es genügend Luft bekommt, gesund ist und sonst alles in Ordnung ist.
Dann beginnen für die Eltern
die schönsten Stunden.

Laras und Daniels Mama hat einen
kleinen Jungen zur Welt gebracht.
Damit hat sich Daniels Wunsch erfüllt:
Sie haben ein Brüderchen bekommen.
Benedikt soll er heißen.

So sieht Benedikt also aus!

Lara und Daniel haben die Wohnung mit Familienfotos geschmückt.
So kann Benedikt Böhnchen gleich seine Familie kennen lernen.
Und Fotos von ihrem Urlaub am Meer haben sie aufgehängt. Darauf sieht man
Mama mit ihrem runden Bäuchlein zu Beginn der Schwangerschaft. Und wie
der Bauch immer dicker wurde, weil Benedikt Böhnchen so gewachsen ist. Es sind
auch Bilder von ihrem ersten Schultag dabei, damit der kleine Bruder gleich weiß,
wie groß seine Geschwister schon sind.

Benedikt sieht anders aus, als Lara und Daniel es erwartet haben. Staunend
stehen sie immer wieder vor ihm und betrachten ihn. Er ist klein, zerbrechlich
und hat ganz viele Speckröllchen.
»Benedikt Böhnchen, so siehst du also aus. Ich hab mir dich ganz anders
vorgestellt«, murmelt Daniel und schaut ein bisschen enttäuscht.

»Alle Kinder sehen anders aus, als man vorher denkt«, beruhigt ihn Mama.
»Die Kleinen verändern sich aber im Lauf der ersten Wochen ständig.«
»Guck mal, Benedikt hat ganz blaue Augen. Wo er die wohl herhat?«, fragt Lara.
Sie und Daniel haben braune Augen. Ihr Papa auch. Mama hat grüne Augen.

Mama erklärt: »Alle Neugeborenen haben blaue Augen – wie kleine Kätzchen. Erst nach frühestens sechs Monaten weiß man, welche Augenfarbe ein Kind wirklich hat. Da müsst ihr bei Benedikt noch ein wenig warten!«

Dafür kann Böhnchen aber schon eine Menge anderer Dinge: Wenn man ihm sanft über die Wange streichelt, dreht er seinen Kopf und macht seinen Mund auf. Wenn man ihn stört, streckt er Arme und Beine nach oben und wölbt seinen Rücken – gerade so, als wolle er einen Buckel machen. Streicht man zärtlich über seine Fußsohle, streckt er die Zehen nach oben und dreht den Fuß nach innen. Fasst Mama ihm unter die Arme und hält ihn aufrecht, hebt er die Beine und strampelt so, als könne er schon laufen.

Am Anfang brauchen Babys noch gar nicht viel, nur etwas zum Anziehen und jede Menge Windeln. Wichtig ist ein ruhiger Platz zum Schlafen, am liebsten in der Nähe der Eltern. Babys brauchen eine kleine Wanne zum Baden, Creme und Puder, eine Wickelkommode und ganz viel Wärme und Ruhe.

51

Benedikt schreit, wenn er Hunger hat. Mama legt ihn dann an ihre Brust,
damit Benedikt daraus trinken kann.
»Wahrscheinlich ist Benedikt genauso durstig wie wir«, meint Lara.
»Schmeckt das gut, Benedikt Böhnchen?«, fragt sie ein wenig eifersüchtig.
Sie möchte von der Muttermilch probieren.
Mama lacht: »Du und Daniel, ihr habt doch früher auch bei mir getrunken.
Aber jetzt seid ihr schon Schulkinder und zu groß, um noch gestillt zu werden.«

Lara will genau wissen, wie das war, als sie ein Baby war. Wie haben Daniel und sie
nach der Geburt ausgesehen? Wann haben sie was gelernt? Diese Geschichten
kann sie gar nicht oft genug hören. Mama erzählt deshalb alles, an was sie sich
erinnern kann.

Benedikt nuckelt dabei ganz zufrieden. Das Stimmengemurmel von Mama
und den beiden Großen scheint ihn zu beruhigen. Er hat sogar die Augen auf.
Man könnte denken, er schaut sich jetzt seine Familie ganz genau an.
Dann macht er ein Bäuerchen und Mama legt ihn zum Schlafen in sein Bettchen.

Neugeborene schlafen viel, manche bis zu sechs Stunden am Stück.
Dann wachen sie auf, wollen trinken und müssen frisch gewickelt werden.
Danach schlafen sie meist wieder ein.

Oma und Opa sind fast jeden Tag da, um Mama zu helfen. Seit Benedikt da ist,
bekommt die Familie viel Besuch. Und natürlich muss Mama allen ganz genau
erzählen, wie die Geburt war und wie es war, als sie und Papa Benedikt
zum ersten Mal gesehen haben.
Papa hat vor Freude ein bisschen geweint, sagt sie.
Papa nickt und meint: »Das musste ich aber schon, als Lara und Daniel
geboren wurden.«

Alle bringen etwas mit. Benedikt bekommt ziemlich viele Geschenke. Zu viele, finden Lara und Daniel. Eigentlich möchten sie nämlich selbst etwas geschenkt bekommen. Manchmal würden Lara und Daniel Benedikt am liebsten wieder loswerden, obwohl sie ihn natürlich sehr niedlich finden. Vorausgesetzt, er schreit nicht gerade oder riecht nicht, wenn er gewickelt wird.

»Benedikt hat ein prima Parfum«, spottet Daniel immer, wenn Benedikt seine Windeln voll gemacht hat. So kleine Kinder können ja noch nicht auf die Toilette gehen, deshalb tragen sie Windeln.
Daniel ist ein wenig enttäuscht von seinem Bruder: »Man kann mit Benedikt überhaupt nichts anfangen! Der versteht ja noch gar nichts!«

Vorerst kann er also von Benedikt keine Unterstützung erwarten.

Lara und Daniel können noch nicht richtig mit Benedikt Böhnchen spielen,

nicht mal Mutter, Vater und Kind.

Mama hat gesagt, mit Babys kann man überhaupt nicht spielen.

Babys sind sehr empfindlich, und man muss immer ihren Kopf stützen.

Es dauert eine Weile, bis ihre Knochen härter werden.

Aber die Geschwister dürfen Benedikt streicheln und beim Baden dabei sein.

Nach einer Weile können sie ihn auch einmal halten, haben die Eltern

ihnen versprochen. Aber nur, wenn Erwachsene dabei sind.

Bis Benedikt so groß ist, dass sie gemeinsam spielen können,

werden Lara und Daniel noch ein wenig warten müssen.

Warum streitet man sich, obwohl man sich lieb hat?

Jedes Kind entwickelt sich auf seine ganz eigene Art. Kinder wachsen zum Beispiel unterschiedlich schnell. Es gibt große Kinder und kleine, manche sind dick, andere sind dünn, manche sprechen viel, andere wenig.

Manche Kinder spielen lieber draußen, andere lieber drinnen, manche schmusen und kuscheln gerne, andere mögen lieber in Ruhe gelassen werden.
Wenn man versucht, jemanden dazu zu zwingen, etwas zu tun, was er eigentlich gar nicht mag, fühlt der sich meist schlecht. Und wer sich selbst nicht gut fühlt, ist schneller gereizt und fängt Streit an. Oft streiten sich Leute aber auch, weil sie sich missverstehen. Manchmal streitet man sich natürlich auch aus Langeweile.

Besonders schwierig ist es für Kinder, wenn sich ihre Eltern nicht verstehen und oft miteinander streiten. Doch jedes Paar hat ab und zu Krach miteinander, so wie jedes Kind mit seinen Freunden und Geschwistern Streit hat.
Sich streiten hat nicht immer etwas damit zu tun, dass man den anderen nicht mag oder nicht lieb hat.
Jeder Mensch ist anders als alle anderen. Auch Lara und Daniel sind ganz unterschiedlich und jeder mag andere Sachen.

So können Menschen auch ihre Zuneigung auf viele unterschiedliche Arten ausdrücken. Manche mögen lieber küssen und kuscheln, andere eher streicheln, kitzeln oder umarmen. Manchen Menschen fällt es auch schwer, jemandem zu zeigen, dass sie ihn gern haben.
Aber oft will man ja auch gar nicht von anderen berührt werden.
Jedenfalls nicht von allen. Und mal mehr und mal weniger. Niemand muss Sachen machen, die er nicht will. Auch nicht, wenn einem dafür etwas versprochen wird.

Lara, Daniel und Tanni überlegen sich,
was sie nicht so gern mögen:

- ⚡ Danke sagen müssen
- ⚡ die Hand geben
- ⚡ lügen
- ⚡ Zähne putzen
- ⚡ ruhig sein müssen
- ⚡ das Zimmer aufräumen
- ⚡ einkaufen müssen
- ⚡ Mama oder Papa, wenn sie
   schlechte Laune haben

Es gibt aber eine ganze Reihe
von Dingen, die finden sie schön:

- ☀ etwas geschenkt bekommen
- ☀ mit Katze Mini kuscheln
- ☀ mit Hund Tobi herumbalgen
- ☀ mit den Eltern baden
- ☀ fernsehen
- ☀ Doktor spielen
- ☀ in der Nase bohren
- ☀ auf die Toilette gehen
- ☀ zusammen essen
- ☀ Ferien an der See machen

Was man nicht will, muss man nicht

»Bei den schönen Sachen würde ich am liebsten schnurren«, sagt Tanni.
Wie die Katze Mini, die schnurrt auch immer, wenn ihr etwas gut gefällt:
zum Beispiel, wenn man sie am Bauch krault.

Am besten macht man es sowieso wie sie: Mini steht einfach
ganz vornehm auf und haut ab, wenn ihr etwas nicht passt.

Neulich hat sich Tanni darüber beschwert, dass sie sich von einer Freundin
ihrer Mutter küssen lassen muss, weil die ihr immer Schokolade schenkt.
»Die Küsse machen richtig Pfützen auf der Backe!«, mault Tanni. Ihre Mutter hat
geantwortet, dass Tanni überhaupt niemanden küssen muss, den sie nicht mag.

Warum Babys so viel schreien

Was Lara und Daniel nicht besonders mögen, ist, wenn Benedikt so laut schreit.

Babys schreien, weil sie noch nicht sprechen können.

Mit ihrem Geschrei sagen sie ihrer Familie auf ihre Weise, dass sie:

- ☆ herumgetragen werden wollen
- ☆ sich unwohl fühlen,
  weil ihre Windeln voll sind
- ☆ gestreichelt werden wollen
- ☆ müde sind
- ☆ Hunger haben
- ☆ sich langweilen
- ☆ sich einsam fühlen
- ☆ Bauchweh haben
- ☆ frieren oder schwitzen
- ☆ einen Zahn bekommen

Manchmal schreien sie, wenn es in der Familie zu unruhig ist.

Wenn zum Beispiel viele fremde Menschen sie besuchen kommen.

Babys haben es nämlich am liebsten etwas ruhiger.

Das können Lara und Daniel zurzeit gut verstehen, denn der viele Besuch

stört sie auch. Vor allem der, der ihnen keine Geschenke mitbringt.

Das Leben mit Benedikt

Lara und Daniel gewöhnen sich nun langsam daran, dass sie ihre Eltern
nicht mehr für sich allein haben. Das hat aber nichts damit zu tun,
dass die Eltern ihre Großen weniger lieb haben. Im Gegenteil:
Sie sind ganz besonders stolz auf sie. »Mit euch zusammen können wir
ja schon ganz andere Sachen machen als mit unserem Jüngsten«, sagen sie.

Ein neugeborenes Baby braucht ganz besonders viel Pflege und Aufmerksamkeit.
Es kann ja noch gar nichts allein. Es muss regelmäßig gestillt werden.
Es kann sich nicht allein sauber machen oder waschen. Also muss es
gebadet und gewickelt werden.
Das kann viel Unruhe in die Familie bringen. Vor allem, wenn das Kind nachts
viel schreit, werden alle um ihren Schlaf gebracht. Laras und Daniels Mutter
ist meist mit dem Baby vollauf beschäftigt und hat weniger Zeit für ihre Großen.

Mama sagt: »Je mehr wir mit Benedikt spielen, desto schneller lernt er. Ihr könnt
mit ihm reden, ihn anlächeln, ihm etwas zeigen, das bunt ist, oder ihm Geräusche
vormachen. Ihr werdet sehen, dass ihm das gut gefällt! Dadurch lernt er euch
viel schneller kennen und freut sich, wenn ihr kommt.«

Daniel will wissen, wann Benedikt endlich sprechen kann. Da muss er aber noch
eine Weile warten, denn richtige Wörter kann Benedikt erst sagen, wenn er etwa
ein Jahr alt ist. Vorher gibt er nur Laute von sich. Daniel zum Beispiel
war elf Monate alt, als er zum ersten Mal »Mama« sagen konnte.

Lara und Daniel werden immer wieder von Nachbarn und Bekannten auf ihr niedliches Brüderchen angesprochen. Dann sind sie natürlich ganz stolz auf Benedikt Böhnchen.

Jetzt lacht er schon, greift nach Sachen, die man ihm hinhält, und juchzt manchmal vor Vergnügen. Mama sagt, dass er bald Zähne bekommt und dann anfängt, richtig zu essen.

Gern kuscheln sich Lara und Daniel an Mama, wenn sie Benedikt stillt. Mama findet es schön, ihre drei Kinder so nah bei sich zu haben. Sie erzählen sich dabei etwas oder schauen Benedikt beim Trinken zu.

In der Zwischenzeit haben sie sich daran gewöhnt, dass sie ab und zu nachts durch Benedikts Schreien aufgeweckt werden. Meist hören sie es gar nicht mehr, so wie manchmal morgens ihren Wecker, der um 7 Uhr klingelt, damit sie rechtzeitig in die Schule kommen.

Lara und Daniel finden, dass sie inzwischen richtige Baby-Experten sind. Sie wissen nun eine ganze Menge über das Kinderkriegen und das Leben mit einem kleinen Kind. Über Babys kann ihnen keiner mehr was erzählen, finden sie.

Erzähl uns nichts vom Storch!

»Wisst ihr, was die Meyers ihren Kindern erzählt haben!?«, fragen Lara und Daniel
ihre Eltern empört, als sie wieder einmal zusammensitzen und beratschlagen,
wann sie denn in diesem Jahr wieder an die See fahren wollen. »Dass Kinder
vom Postboten gebracht werden! Die haben doch überhaupt keine Ahnung
vom Kinderkriegen!«

Tanni kennt noch andere Geschichten vom Kinderkriegen – nämlich,
dass Kinder aus Büchern schlüpfen, von bestimmten Bäumen fallen, von Feen
oder vom Weihnachtsmann gebracht, im Labor gemixt oder von einem Esel
im Galopp verloren werden.
Oma erinnert sich an früher: »Also, uns hat man immer erzählt, dass der
Klapperstorch die Babys aus einem Teich fischt und sie zu ihren Eltern fliegt.
Ich habe sogar jeden Abend Zuckerstückchen aufs Fensterbrett gelegt,
damit der Storch endlich kommt und mir ein Geschwisterchen bringt.«

»Wir kriegen ja auch bald Aufklärungsunterricht in der Schule«, sagt Daniel.
»Na, die sollen uns mal was vom Klapperstorch erzählen!« Lara und Tanni
nicken eifrig: »Dann werden wir sie mal aufklären, woher die kleinen Kinder
wirklich kommen.«